AF509923

ILLUSTRATIONS

TYPOGRAPHIQUES

DE

L'IMPRIMERIE

DE

L. BOITEL

A

LYON.

ALPHABET ROMAN

DESSINÉ

PAR

H. LEYMARIE

ET GRAVÉ SUR BOIS

PAR

BREVIÈRE.

PRIX : 5 FRANCS.

IMPRIMÉ PAR L. BOITEL.

M DCCC XLI.

Il est nécessaire de dire un mot sur la
pensée qui a présidé à la composition de
cet alphabet de l'époque romane.

Cette explication fera ressortir le mérite

de l'œuvre, et en fera comprendre tout l'intérêt.

La lettre romane est jetée sur un monument roman, appartenant à l'ancienne province du Lyonnais, et chaque lettre commence le nom du pays où se trouve ce monument.

ALPHABET ROMAN.

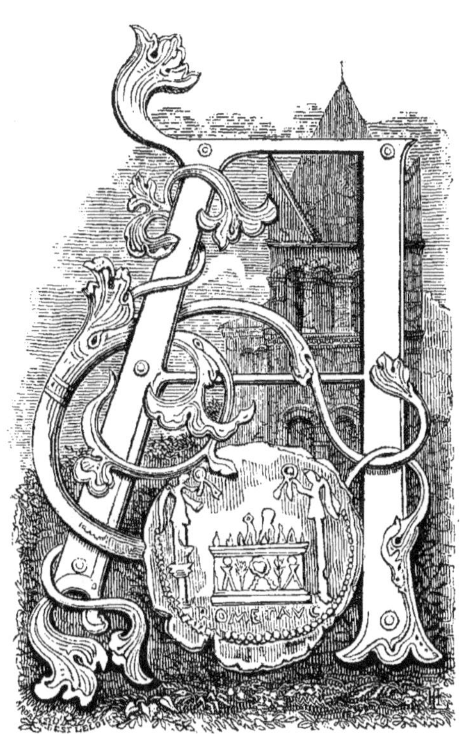

ARGEN
BVRG·
A

BELLAVILLA

CASTILIO·
VILLAD·AZERC

DARDELIACVM

FRACA
VILLA

HEDERA
HELIX

INSVLA
BARBARA

S. LVPVS IN. INS. B.
Br.

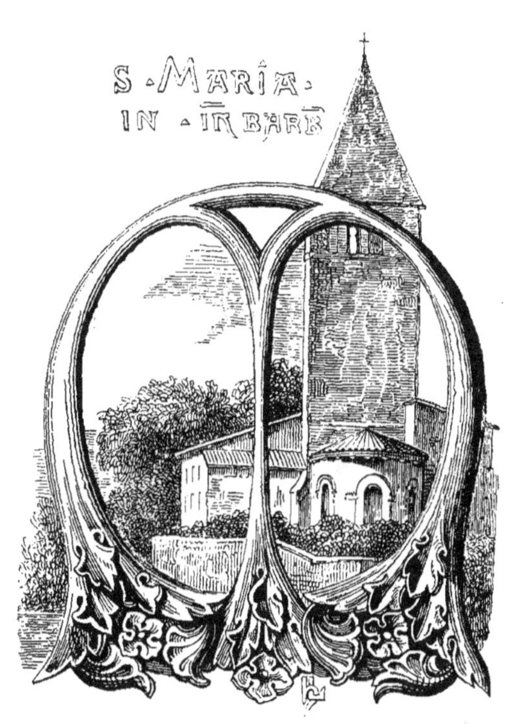

S·MARIA·
IN·IN̄BARR

S·NICOLAVS
AD INS·
B·

ONCIACVM

QVINTVS

VILARS
IN PAGO
OLVMBENS

EX LIBRIS JEAN VARILLE

9 782329 677927